もくじ

東京書籍版 国語 3年 準拠

教科書 上

教科書の内よう			ページ
音読を聞き合おう	1	あなたのこと、すいせんのラッパ	4
	2	かん字をつかおう1	5・6
	3	図書館へ行こう きせつの足音——春	7・8
	4	国語じてんの使い方 メモを取りながら話を聞こう	9・10
読んで考えたことをつたえ合おう	5	自然のかくし絵	11・12
	6	漢字を使おう2	13・14
	7	じょうほうのとびら　全体と中心 「わたし」の説明文を書こう	15・16
	8	漢字の表す意味	17・18
物語をみじかくまとめてしょうかいしよう	9	ワニのおじいさんのたから物	19・20
	10	漢字を使おう3	21・22
	11	言葉相だん室　人物やものの様子を表す言葉 心が動いたことを詩で表そう／ローマ字①	23・24
書き手のくふうを考えよう	12	「給食だより」を読みくらべよう きせつの足音——夏	25・26
詩を読もう	13	紙ひこうき／夕日がせなかをおしてくる 案内の手紙を書こう／慣用句を使おう	27・28
	14	グループの合い言葉を決めよう	29・30
	15	漢字を使おう4 言葉相だん室　主語とじゅつ語、つながってる？	31・32
中心人物について考えたことをまとめよう	16	サーカスのライオン	33・34

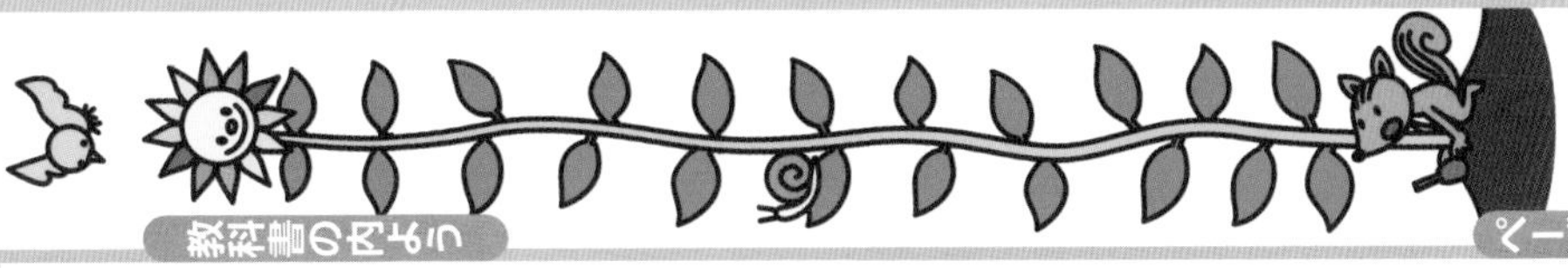

教科書の内よう			ページ
	17	漢字を使おう５	35・36
きょうみを持ったことを しょうかいしよう	18	せつちゃくざいの今と昔（むかし）／じょうほうのとびら 分ける／道具（どうぐ）のひみつをつたえよう／きせつの足音――秋	37・38
	19	こそあど言葉 話したいな、すきな時間	39・40
	20	漢字の読み方 ローマ字②	41・42
想ぞうしたことを つたえ合おう	21	モチモチの木	43・44
	22	漢字を使おう６	45・46
	23	言葉相（そう）だん室 人物の気持ちを表す言葉 いろいろなつたえ方	47・48
	24	本から発見したことをつたえ合おう 漢字を使おう７／きせつの足音――冬	49・50
	25	俳句（はいく）に親しもう カミツキガメは悪者（わるもの）か	51・52
生き物についての 考えを深（ふか）めよう	26	漢字を使おう８／じょうほうのとびら 考えと理由／クラスの思い出作りのために／道具のうつりかわりを説（せつ）明しよう	53・54
	27	漢字を使おう９	55・56
	28	くわしく表す言葉	57・58
物語のしかけの おもしろさを つたえ合おう	29	ゆうすげ村の小さな旅館（りょかん）――ウサギのダイコン	59・60
	30	漢字を使おう10	61・62
	31	漢字の組み立てと意味 わたしのベストブック	63・64
答え			65〜72

教科書 下

きほん 1

あなたのこと、教えて　すいせんのラッパ

教科書㊤14～28ページ

月　日

10分　／100点

1 ――のかん字の読みがなを書きましょう。　一つ6〔78点〕

(1) 大きな葉。（　）　(2) 早く起きる。（　）　(3) 足の速さ。（　）

(4) 一面の野原。（　）　(5) 向こうの家。（　）　(6) 緑色の糸。（　）

(7) 感心する。（　）　(8) 豆つぶ（　）　(9) 人物の気もち。（　）

(10) 音や様子。（　）　(11) メモの仕方。（　）　(12) 二人の会話。（　）

(13) 物語を読む。（　）

2 つぎの言葉の意味（いみ）を下からえらんで、――でむすびましょう。　一つ5〔15点〕

(1) ささやく　・　　・ア　心に強く感じる。

(2) 感心する　・　　・イ　小さな声で話す。

(3) 目をさます　・　　・ウ　起きる。

3 （　）に当てはまる、しつもんするときの言葉を□からえらんで書きましょう。　〔7点〕

「そのペンを（　　）買ったの。」

「新しくできた、駅（えき）前のお店だよ。」

どうして
どこで

答えは65ページ

かくにん 1

教科書㊤14～28ページ

あなたのこと、教えて／すいせんのラッパ

月　日

10分　／100点

1 □に当てはまるかん字を書きましょう。　一つ10〔70点〕

(1) 七時に□(お)きる。

(2) 走る□(はや)さ。

(3) □□(いちめん)のなの花。

(4) □□(みどりいろ)の□(まめ)。

(5) □□(かんしん)な行(おこな)い。

(6) 二人の□□(じんぶつ)。

2 つぎの様子をあらわす言葉をア～オからえらんで、記号(ごう)で答えましょう。　一つ6〔18点〕

(1) はしゃぐ様子（　）　(2) ゆれる様子（　）

(3) 大きくて重(おも)いものが動(うご)く様子（　）

ア むくむく　イ きょろきょろ　ウ わいわい

エ どっすん、どっすん　オ ゆらゆら

3 物語の音読の仕方としてよいもの二つに、○をつけましょう。　一つ6〔12点〕

ア（　）ずっと同じ調(ちょう)子で、しずかに読む。

イ（　）声の大きさや、はやさに気をつけて読む。

ウ（　）自分のすきなところを、大きな声で読む。

エ（　）とうじょうじんぶつの様子や気もちを思いうかべて読む。

答えは65ページ

きほん 2

かん字をつかおう1

教科書㊤29ページ

月　日

10分　／100点

1 ――のかん字の読みがなを書きましょう。　一つ4〔36点〕

(1) 早朝の空気。（　　）

(2) 練習をする。（　　）

(3) 九州へ行く。（　　）

(4) 中央の通り。（　　）

(5) 横だんする。（　　）

(6) 歩道を歩く。（　　）

(7) 合計する。（　　）

(8) 二倍になる。（　　）

(9) 計画を練る。（　　）

2 □に当てはまるかん字を書きましょう。　一つ8〔64点〕

(1) □（こころ）の中。

(2) □（はる）の花。

(3) 気もちを□（し）る。

(4) 先生と□（はな）す。

(5) 三年一□（くみ）

(6) □（こく）ばんに書く。

(7) 広い□□（きょうしつ）。

(8) テストの□□（てんすう）。

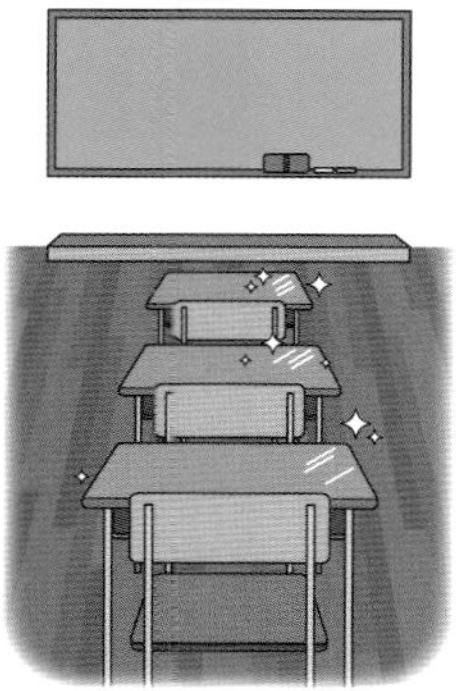

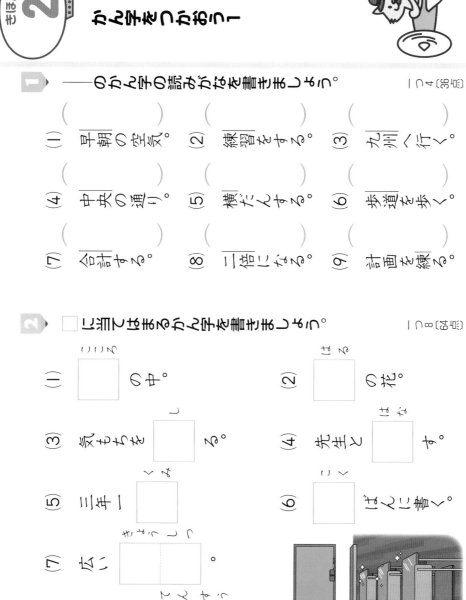

答えは65ページ

かくにん 2

教科書㊤29ページ

かん字をつかおう1

月　日

10分　／100点

1 □に当てはまるかん字を書きましょう。　一つ9〔36点〕

(1) 歌の□□(れんしゅう)。

(2) □□(きゅうしゅう)地方

(3) 図の□□(ちゅうおう)。

(4) 道を□(おう)だんする。

2 ——をかん字に直して、文を全部(ぜんぶ)書きましょう。　全部できて一つ20〔40点〕

(1) こうもんのそとのけしき。

(2) げんきにともだちとあそぶ。

3 □に同じところのあるかん字を書きましょう。　一つ6〔24点〕

(1)
① □(たい)そうをする。
② 三□(ばい)にする。

(2)
① 意(い)見が□(あ)う。
② □(おな)じ色。

答えは65ページ

きほん 3

教科書㊤30～35ページ

月　日

図書館へ行こう
きせつの足音——春

10分　／100点

1 ——のかん字の読みがなを書きましょう。　一つ6〔36点〕

(1) 図書館（　）
(2) 百科事てん（　）
(3) 本の目次（じ）。（　）
(4) さく引を引く。（　）
(5) 話の内よう。（　）
(6) 地図記号（　）

2 ——の言葉の意味（いみ）として合うほうに、○をつけましょう。　一つ8〔16点〕

(1) 図かんを活用する。
ア（　）いかしてつかう　イ（　）よくしらべる

(2) 手がかりになる言葉。
ア（　）知りたいこと　イ（　）きっかけ

3 春の食べ物をあらわす言葉には○を、そうでない言葉には×をつけましょう。　一つ6〔48点〕

(1)（　）わらび　(2)（　）ぜんまい
(3)（　）さといも　(4)（　）かきごおり
(5)（　）りんご　(6)（　）ふきのとう
(7)（　）たらのめ　(8)（　）くり

答えは65ページ

かくにん 3

図書館へ行こう
きせつの足音——春

教科書(上)30〜35ページ

月　日

10分　／100点

1 □に当てはまるかん字を書きましょう。 一つ9〔54点〕

(1) □□□（としょかん）

(2) 百科□（じ）てん

(3) □（もく）次でさがす。

(4) さく□（いん）の言葉。

(5) 本の□（ない）よう。

(6) □□（きごう）で書く。

2 筆（ひつ）じゅんの正しいほうに、○をつけましょう。 一つ5〔10点〕

(1)
ア（　）丷 䒑 首 首 道 道
イ（　）丶 辶 辶 道 道

(2)
ア（　）艹 艹 艹 艹 葉
イ（　）艹 艹 艹 艹 葉

3 ——の言葉を、かん字と送（おく）りがなで書きましょう。 一つ9〔36点〕

(1) 本のうしろにある。（　　）

(2) やさいをたべる。（　　）

(3) きまった方法（ほう）でわける。（　　）

(4) どこにあるかをかんがえる。（　　）

答えは65ページ

きほん 4

教科書 上 36～41ページ

国語じてんの使い方
メモを取りながら話を聞こう

月　日

10分　／100点

1 ――の漢字の読みがなを書きましょう。　一つ6〔66点〕

(1) ノートを使う。（　）
(2) 記号の意味。（　）
(3) 漢字で書く。（　）
(4) 書き表す。（　）
(5) 時間を調べる。（　）
(6) 柱を立てる。（　）
(7) 広い場所。（　）
(8) 手を取る。（　）
(9) ゆうびん局（　）
(10) 手紙の配達（たつ）。（　）
(11) あい手の住所。（　）

2 つぎの言葉を国語じてんに出てくるじゅんにならべかえて、（　）に1～3の番号を書きましょう。　全部（ぜんぶ）できて一つ6〔24点〕

(1) ア（　）馬　イ（　）犬　ウ（　）さる
(2) ア（　）石　イ（　）いす　ウ（　）いしゃ
(3) ア（　）ピン　イ（　）びん　ウ（　）ピンク
(4) ア（　）ハート　イ（　）バトン　ウ（　）はと

3 つぎの言葉の意味を下からえらんで、――でむすびましょう。　一つ5〔10点〕

(1) メモ・　　・ア 話の内ようの中心になる大切なこと。
(2) 要点（よう）・　　・イ 記録（ろく）やせい理のために、大切なことを書きとめること。

答えは65ページ

かくにん 4

教科書㊤36〜41ページ

月　日

国語じてんの使い方
メモを取りながら話を聞こう

10分　／100点

1 □に当てはまる漢字を書きましょう。　一つ8〔64点〕

(1) 手を□(つか)う。

(2) 多くの□□(いみ)。

(3) 数字に□(あらわ)す。

(4) 番地を□(しら)べる。

(5) 太い□(はしら)。

(6) 手に□(と)る。

(7) ほうそう□(きょく)

(8) 自分の□□(じゅうしょ)。

2 〈れい〉にならって、——の言葉を国語じてんにのっている形に直して、漢字と送(おく)りがなで書きましょう。　一つ6〔36点〕

〈れい〉みんなで話そう。（話す）

(1) あの本が読みたい。（　　）

(2) まっすぐ行けば、店につく。（　　）

(3) ろうかを走らない。（　　）

(4) 朝起きるのが早かった。（　　）

(5) 人数が多くて、楽しい。（　　）

(6) 電気をつけて明るくする。（　　）

答えは66ページ

きほん 5

自然(ぜん)のかくし絵

教科書㊤42〜52ページ

月　　日

10分

／100点

1 ――の漢字の読みがなを書きましょう。　一つ5〔60点〕

(1) 自然(ぜん)の話。（　　）

(2) 身をかくす。（　　）

(3) 虫が育つ。（　　）

(4) 体を守る。（　　）

(5) 場所が決まる。（　　）

(6) 活動する。（　　）

(7) 動作が速い。（　　）

(8) 手に持つ。（　　）

(9) 問いと答え。（　　）

(10) 鳥の話題。（　　）

(11) 見える部分。（　　）

(12) 筆者の意見。（　　）

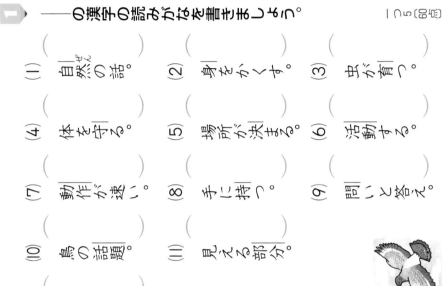

2 つぎの言葉の意味を下からえらんで、――でむすびましょう。　一つ8〔24点〕

(1) 見分ける・　　・ア　見たのに気づかないでいる。

(2) だます　・　　・イ　よく見て、くべつをする。

(3) 見のがす・　　・ウ　うそをついて本当と思わせる。

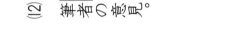

3 ――の漢字の、二通りの読みがなを書きましょう。　一つ8〔16点〕

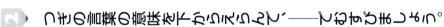

(1) 動物のすみか。（　　）

(2) ゆっくり動く。（　　）

答えは66ページ

かくにん 5

自然(ぜん)のかくし絵

教科書㊤42〜52ページ

月　日

／100点　10分

1 □に当てはまる漢字を書きましょう。　一つ9〔81点〕

(1) □(み)の回り。
(2) 子が□(そだ)つ。
(3) 目を□(まも)る。
(4) やくが□(き)まる。
(5) 本を□(も)つ。
(6) □(と)いの文。
(7) □□(わだい)の店。
(8) 体の□□(ぶぶん)。
(9) 文しょうの□□(ひっしゃ)。

2 ――の読みを漢字で書くとき、ほかの二つとちがう漢字になるものに、○をつけましょう。　一つ6〔12点〕

(1)
ア(　)朝しょく
イ(　)しょく事
ウ(　)ほごしょく

(2)
ア(　)しん長
イ(　)しん林
ウ(　)心しん

3 「ふと」の使い方として正しいほうに、○をつけましょう。　〔7点〕

ア(　)ふと思い出す。　イ(　)ふと思いつづける。

答えは66ページ

きほん 6

漢字を使おう2

教科書㊤53ページ

月　日

10分　／100点

1 ――の漢字の読みがなを書きましょう。　一つ4〔52点〕

(1) 花の都。（　）

(2) 大きな氷。（　）

(3) 氷山にのる。（　）

(4) 自ゆう形（　）

(5) 海で泳ぐ。（　）

(6) 有名な人。（　）

(7) 水泳選(せん)手（　）

(8) 返事を書く。（　）

(9) ペンを返す。（　）

(10) 弟と遊ぶ。（　）

(11) 校庭(てい)の遊ぐ。（　）

(12) 門を開く。（　）

(13) 開会の時間。（　）

2 □に当てはまる漢字を書きましょう。　一つ8〔48点〕

(1) 山のお□(てら)。

(2) □(くび)が長い。

(3) □(うま)にのる。

(4) 広い□□(こうえん)。

(5) 赤い□□(でんしゃ)。

(6) 角の□□(こうばん)。

答えは66ページ

かくにん 6

漢字を使おう2

教科書㊤53ページ

月　日

10分　／100点

1 □に当てはまる漢字を書きましょう。　一つ7〔28点〕

(1) 住めば□(みやこ)。

(2) □□(ゆうめい)人

(3) □□(へんじ)がない。

(4) □□(かいかい)式(しき)

2 はんたいの意味の漢字を書きましょう。　一つ6〔42点〕

(1) ① みじかい（短(みじか)い）←→② ながい（　）

(2) ① みなみ（　）←→② きた（　）

(3) ① ひがし（　）←→② にし（　）

(4) ① ふるい（　）←→② あたらしい（　）

3 形のにている漢字や、同じところのある漢字を書きましょう。　一つ5〔30点〕

(1) ① □(すい)曜日　② □(およ)ぐ。　③ かき□(ごおり)

(2) ① 時□(かん)　② □(かい)通　③ 話を□(き)く。

答えは66ページ

きほん 7

教科書㊤54～61ページ

じょうほうのとびら　全体と中心
「わたし」の説明文を書こう

月　日

10分　／100点

1 ——の漢字の読みがなを書きましょう。　一つ5〔60点〕

(1) 話の全体。（　）
(2) 最高の気分。（　）
(3) 明らかなこと。（　）
(4) 全力を出す。（　）
(5) 話し始める。（　）
(6) 配り係。（　）
(7) ペットの世話。（　）
(8) 文が終わる。（　）
(9) 参考にする。（　）
(10) 苦手な色。（　）
(11) 家族の話。（　）
(12) 文章を書く。（　）

2 文章中におけるつぎの役わりを下からえらんで、——でむすびましょう。　一つ8〔24点〕

(1) 始め　・　　・ア　文章をまとめる。
(2) 中　　・　　・イ　つたえたいことの中心にかかわる出来事をくわしく説明する。
(3) 終わり・　　・ウ　つたえたいことの中心について書く。

3 ——の漢字の、二通りの読みがなを書きましょう。　一つ8〔16点〕

(1) 全てえらぶ。（　）
(2) 全く知らない。（　）

答えは66ページ

かくにん 7

じょうほうのとびら　全体と中心
「わたし」の説明(せつ)文を書こう

教科書(上)54〜61ページ

月　日

10分　／100点

1 □に当てはまる漢字を書きましょう。　一つ10〔80点〕

(1) □□(ぜんりょく)で走る。
(2) 歌い□(はじ)める。
(3) 図書□(がかり)
(4) 妹の□□(せわ)。
(5) 音楽が□(お)わる。
(6) 虫が□□(にがて)だ。
(7) わたしの□□(かぞく)。
(8) □□(ぶんしょう)を読む。

2 ——の漢字の、二通りの読みがなを書きましょう。　一つ5〔10点〕

(1) 参考(さんこう)になる。（　　　）
(2) 答えを考える。（　　　）

3 スーパーマーケットから駅(えき)までの道じゅんを説明(せつめい)するとき、どんなことをつたえるとよいですか。ア〜エから合うものをすべてえらびましょう。　全部できて〔10点〕

ア　二つ目の角で右に曲(ま)がること。
イ　スーパーマーケットは二階(かい)だてであること。
ウ　駅まで歩いて十分くらいであること。
エ　つぎの電車は五分後に出ること。

（　　　）

答えは66ページ

きほん 8

漢字の表す意味

教科書㊤62～63ページ

月　日

10分　／100点

1 ——の漢字の読みがなを書きましょう。　一つ6〔54点〕

(1) 校歌を歌う。（　）

(2) 作曲をする。（　）

(3) 黒板に書く。（　）

(4) 音楽作品（　）

(5) 小さい皿。（　）

(6) 空白のページ。（　）

(7) 委員長（　）

(8) 発表する。（　）

(9) 島の人。（　）

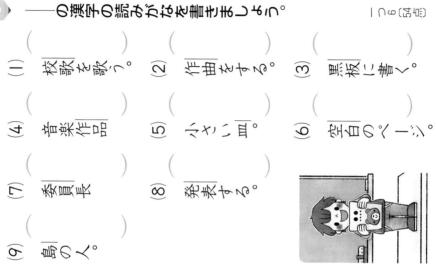

2 ——の漢字は、どんな意味で使われていますか。ア～ウからえらんで、記号で答えましょう。　一つ7〔14点〕

(1) 長女（　）　(2) 身長（　）

ア リーダー　イ ながさ　ウ 年上

3 ——の漢字の意味がほかとちがうものをア～ウからえらんで、記号で答えましょう。　一つ8〔32点〕

(1) ア 空中　イ 青空　ウ 空白（　）

(2) ア 名人　イ 名月　ウ 名前（　）

(3) ア 身体　イ 全体　ウ 体重（じゅう）（　）

(4) ア 開門　イ 開会　ウ 開花（　）

答えは66ページ

かくにん 8

漢字の表す意味

教科書 上 62〜63ページ

月　日

10分　／100点

1 □に当てはまる漢字を書きましょう。　一つ5〔30点〕

(1) □□（さっきょく）家

(2) 教室の□□（こくばん）。

(3) 文学□□（さくひん）

(4) □（さら）によそう。

(5) 意見を□□（はっぴょう）する。

(6) 小さな□（しま）。

2 □に同じところのある漢字を書きましょう。　一つ10〔70点〕

(1)
① □（せん）を引く。
② □（れん）習する。
③ □（みどり）色の葉。

(2)
① こわれた□（ぶ）分。
② □（つ）合がよい。

(3)
① パン屋（や）の店□（いん）。
② パンを□（か）う。

答えは67ページ

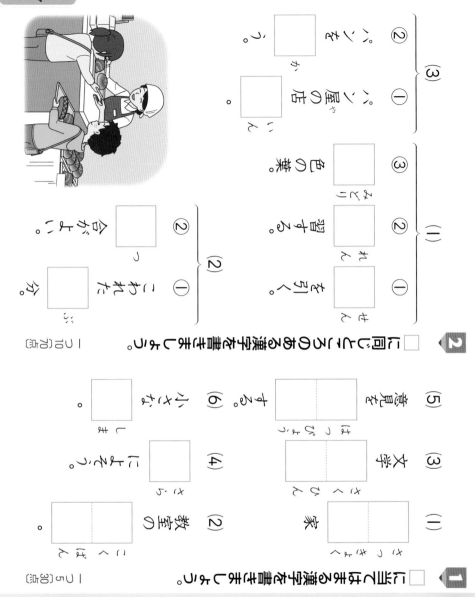

きほん 9

ワニのおじいさんのたから物

教科書㊤64〜76ページ

月　日

／100点　10分

1 ――の漢字の読みがなを書きましょう。 一つ6〔60点〕

(1) 今日は寒い。（　）

(2) 相当な年だ。（　）

(3) 死ぬ。（　）

(4) 君が言う。（　）

(5) もう安心だ。（　）

(6) 急にねむる。（　）

(7) 場所を記す。（　）

(8) 橋をわたる。（　）

(9) 登場人物（　）

(10) 母の行動。（　）

2 ――の言葉の意味として合うほうに、○をつけましょう。 一つ10〔20点〕

(1) おじいさんをしげしげと見つめる。

ア（　）よくよく　イ（　）おそるおそる

(2) 心おきなくたびに出る。

ア（　）さみしくなく　イ（　）何の心配もなく

3 ――を漢字に直して、文を全部書きましょう。 全部できて〔20点〕

じめんにおちていたはっぱをてにとる。

答えは67ページ

かくにん 9

ワニのおじいさんのたから物

教科書㊤64～76ページ

月　日

10分　／100点

1 □に当てはまるかん字を書きましょう。 一つ8〔64点〕

(1) 冬は□(さむ)い。

(2) □□(そうとう)楽しそうだ。

(3) ばったが□(し)ぬ。

(4) □(きみ)にたのみがある。

(5) □□(あんしん)して遊ぶ。

(6) □(きゅう)に走り出す。

(7) 川に□(はし)がかかる。

(8) 物語に□□(とうじょう)する。

2 □に当てはまる、同じ読みがなのかん字を書きましょう。 一つ7〔28点〕

(1)
① □(かん)心な行動。
② □(かん)字の書き取り。

(2)
① ドアを□(あ)ける。
② 年が□(あ)ける。

3 （　）に当てはまる言葉を、□からえらんで書きましょう。 〔8点〕

くらいトンネルをくぐり（　　　　）。

ぬける　うつす　上げる　いく

答えは67ページ

きほん 10

教科書㊤77ページ

漢字を使おう3

月　日

10分

／100点

1 ――の漢字の読みがなを書きましょう。 一つ4〔28点〕

(1) 金物のうつわ。（　　）
(2) 血がにじむ。（　　）
(3) 顔の血色。（　　）
(4) 申しあげる。（　　）
(5) 名前の由来。（　　）
(6) 理由を言う。（　　）
(7) きれいな白鳥。（　　）

2 □に当てはまる漢字を書きましょう。 一つ9〔72点〕

(1) □（なつ）休み
(2) □（ひかり）がさす。
(3) 友だちが□（く）る。
(4) □（いわ）かげで休む。
(5) □（おも）い出をえがく。
(6) □□（はんぶん）に切る。
(7) □□（にっき）を書く。
(8) □□（むぎちゃ）を飲（の）む。

答えは67ページ

かくにん 10

漢字を使おう3

教科書㊤77ページ

月　日

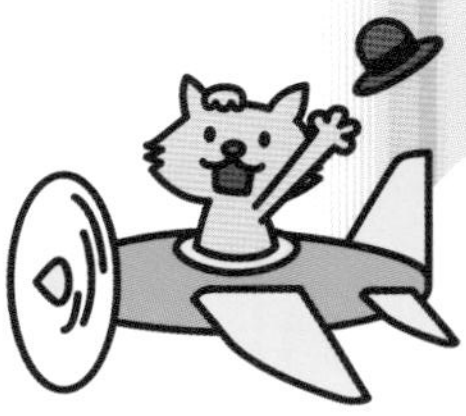

10分　／100点

1 □に当てはまる漢字を書きましょう。　一つ9〔45点〕

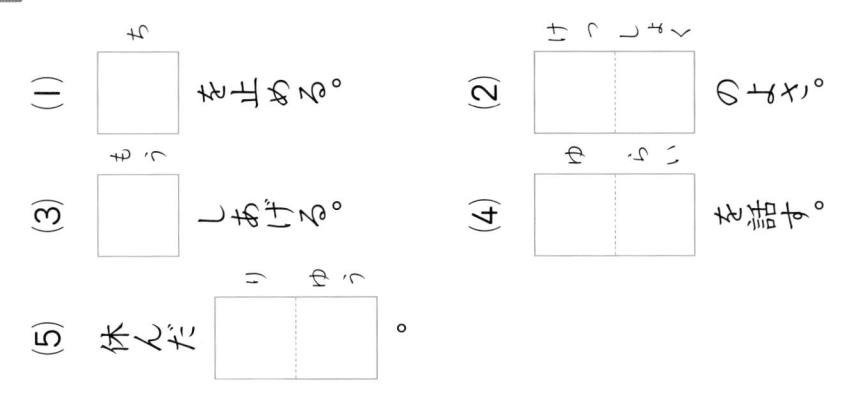

(1) □（ち）を止める。

(2) □□（けっしょく）のよさ。

(3) □（もう）しあげる。

(4) □□（ゆらい）を話す。

(5) 休んだ□□（りゆう）。

2 □に形のにている漢字を書きましょう。　一つ7〔28点〕

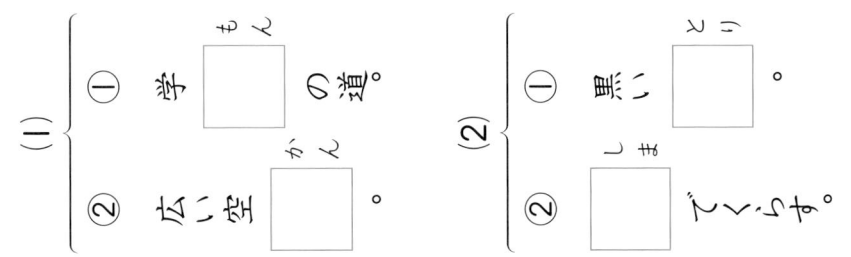

(1)
① 学□（もん）の道。
② 広い空□（かん）。

(2)
① 黒い□（とり）。
② □（しま）でくらす。

3 つぎの時間を表す言葉を、□に漢字で書きましょう。　一つ9〔27点〕

(1) あさ □

(2) ひる □

(3) よる □

答えは67ページ

きほん 11

教科書 ㊤ 78～89ページ

月　日

言葉相だん室　人物やものの様子を表す言葉
心が動いたことを詩で表そう
ローマ字①

10分　／100点

1 ――の漢字の読みがなを書きましょう。　一つ11〔44点〕

(1) 想ぞうする。（　　）

(2) 詩を読む。（　　）

(3) 出発する。（　　）

(4) 本を集める。（　　）

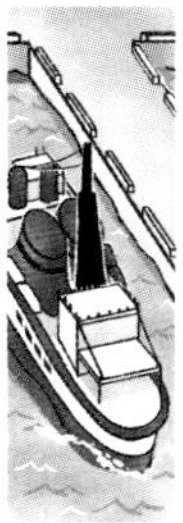

2 つぎの言葉が表す様子を下からえらんで、――でむすびましょう。　一つ8〔32点〕

(1) ぱらぱら・　　・ア　ゆっくりゆれ動く様子。

(2) わいわい・　　・イ　小つぶの雨がふる様子。

(3) ゆらゆら・　　・ウ　にぎやかに楽しむ様子。

(4) くすくす・　　・エ　声をひそめ、わらう様子。

3 つぎの言葉をローマ字で正しく書いているほうに、○をつけましょう。　一つ8〔24点〕

(1) 人形（ぎょう）
ア（　）ningiyou
イ（　）ningyô

(2) パン屋（や）
ア（　）panya
イ（　）pan'ya

(3) 学校
ア（　）gakkô
イ（　）gakou

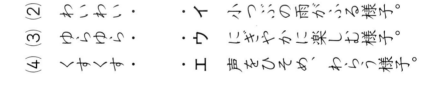

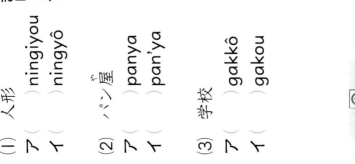

答えは67ページ

かくにん 11

教科書㊤78〜89ページ

言葉相だん室　人物やものの様子を表す言葉
心が動いたことを詩で表そう
ローマ字①

月　日

10分

／100点

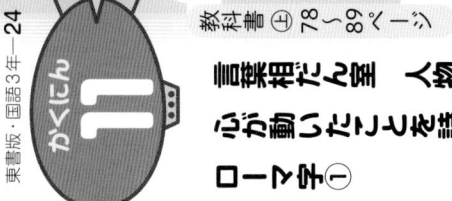

1 □に当てはまる漢字を書きましょう。　一つ10〔30点〕

(1) 連（れん）□（そう）する。

(2) □（し）を書く。

(3) カードを□（あつ）める。

2 （　）に当てはまる言葉を、[　　]からえらんで書きましょう。　一つ7〔28点〕

(1) 妹が（　　　）ないている。

(2) すきな物を（　　　）食べる。

(3) 手を（　　　）ふる。

(4) 目を（　　　）させる。

[ひらひら　ぱくぱく　めそめそ　ぱちぱち]

3 つぎのローマ字を、のばす音（おん）や「しゃ、しゅ、しょ」などの音、つまる音に注意（ちゅうい）して、ひらがなで書きましょう。　一つ7〔42点〕

(1) okâsan（　　　）

(2) kyûri（　　　）

(3) tyairo（　　　）

(4) kitte（　　　）

(5) densya（　　　）

(6) happyôkai（　　　）

答えは67ページ

きほん 12

教科書 上 90〜99ページ

月　日

10分

／100点

「給食だより」を読みくらべよう
きせつの足音 —— 夏

1 ——の漢字の読みがなを書きましょう。 一つ6〔48点〕

(1) 次の当番。（　）（　）

(2) 暑いきせつ。（　）

(3) 作業をする。（　）

(4) 赤い実。（　）

(5) 行事を行う。（　）（　）

(6) 農家の人。（　）

(7) 一生けん命（　）

(8) 絵や写しん。（　）（　）

2 ——の言葉の意味として合うほうに、○をつけましょう。 一つ6〔12点〕

(1) 一生けん命に育てる。

ア（　）力をつくして　イ（　）生きている間ずっと

(2) 内ようがことなる。

ア（　）同じ　イ（　）ちがう

3 夏の食べ物を表す言葉には○を、そうでない言葉には×をつけましょう。 一つ5〔40点〕

(1)（　）すいか　(2)（　）かき

(3)（　）かつお　(4)（　）かぶ

(5)（　）そうめん　(6)（　）ずわいがに

(7)（　）たらのめ　(8)（　）ところてん

答えは67ページ

かくにん 12

教科書 ㊤ 90〜99ページ

「給食(きゅう)だより」を読みくらべよう
きせつの足音——夏

月　日

／100点　10分

1 □に当てはまる漢字を書きましょう。　一つ8〔56点〕

(1) □(つぎ)にすすむ。

(2) 夏は□(あつ)い。

(3) 手□□(さぎょう)

(4) ぶどうの□(み)。

(5) □□(のうか)の仕事。

(6) けん□(めい)に走る。

(7) □(しゃ)しんを見る。

2 □に同じところのある漢字を書きましょう。　一つ8〔32点〕

(1)
① 事□(じつ)と意見。
② □(やす)い食べ物。

(2)
① □(のう)村(そん)へ行く。
② 線が□(ま)がる。

3 絵やしゃしんが使われている文章の読み方として、よいもの一つに○をつけましょう。　〔12点〕

ア（　）絵としゃしんだけをしっかり読む。

イ（　）絵としゃしんと文章をべつべつに読む。

ウ（　）絵やしゃしんと文章のかんけいを考えながら読む。

答えは68ページ

きほん 13

紙ひこうき／夕日がせなかをおしてくる
案内の手紙を書こう
慣用句を使おう

教科書㊤108～119ページ

月　日

10分　／100点

1 ――の漢字の読みがなを書きましょう。　一つ6〔30点〕

(1) 太陽の光。（　　）

(2) 合そうする。（　　）

(3) 学校に通う。（　　）

(4) 助けがほしい。（　　）

(5) 気を落とす。（　　）

2 （　）に当てはまる言葉をア～キからえらんで、記号で答えましょう。　一つ10〔70点〕

(1) 動物にかんけいのある言葉の慣用句

① （　）につままれる――ぽかんとする。

② （　）が合う――気が合う。

(2) 体にかんけいのある言葉の慣用句

① （　）がひくい――ひかえめで、ていねいだ。

② （　）から手が出る――とてもほしい。

(3) しょく物や天気にかんけいのある言葉の慣用句

① （　）を落とす――きつくしかる。

② （　）二つ――そっくりなこと。

③ （　）をむすぶ――よいけっかになる。

ア うり　イ 頭　ウ 馬　エ 実

オ きつね　カ かみなり　キ のど

答えは68ページ

かくにん 13

紙ひこうき／夕日がせなかをおしてくる
案内(あん)の手紙を書こう
慣用句(かん)(く)を使おう

教科書㊤108～119ページ

月　日

10分　／100点

1 □に当てはまる漢字を書きましょう。　一つ12〔48点〕

(1) □(がっ)そうを聞く。
(2) 習いごとに□(かよ)う。
(3) 友だちの□(たす)け。
(4) よごれを□(お)とす。

2 次の言葉の意味をア～エからえらんで、記号で答えましょう。　一つ10〔40点〕

(1) ちゃくりく（　　）
(2) ゆする（　　）
(3) あわてる（　　）
(4) ふりむく（　　）

ア　ゆり動かすこと。
イ　飛行機(ひこうき)などが空中から地上におりること。
ウ　顔や体を後ろに向けること。
エ　おちつかなくなること。

3 ――を漢字に直して、文を全部書きましょう。　全部できて〔12点〕

らくせきにきをつけるようにじょげんする。

答えは68ページ

きほん 14

グループの合い言葉を決めよう

教科書㊤120～126ページ　　月　　日

10分　／100点

1 ——の漢字の読みがなを書きましょう。　一つ10〔60点〕

(1) 司会の進行。（　　）
(2) 話を進める。（　　）
(3) 係の役わり。（　　）
(4) 相手に負ける。（　　）
(5) 自分に勝つ。（　　）
(6) 話の区切り。（　　）

2 ——の漢字の、二通りの読みがなを書きましょう。　一つ5〔10点〕

(1) にもつを負う。（　　）
(2) トランプで勝負する。（　　）

3 話し合いで、次の(1)～(3)のとき、司会はどのように言うとよいですか。それぞれ合うものをア～エからえらんで、記号で答えましょう。　一つ10〔30点〕

(1) これから話し合うことをたしかめるとき。（　　）
(2) 意見を出し合うとき。（　　）
(3) 話し合いをまとめるとき。（　　）

ア　発表会の出し物は、げきに決まりました。
イ　これから、発表会の出し物について話し合います。
ウ　わたしは、げきがいいと思います。
エ　一人ずつ意見を出してください。

答えは68ページ

かくにん 14

グループの合い言葉を決めよう

教科書(上)120～126ページ

月　日

10分　／100点

1 □に当てはまる漢字を書きましょう。　一つ10〔60点〕

(1) 話が□□(しんこう)する。
(2) 先に□(すす)める。
(3) 司(し)会の□(やく)わり。
(4) しあいに□(ま)ける。
(5) リレーで□(か)つ。
(6) □□(くぎ)りがつく。

2 □に同じところのある漢字を書きましょう。　一つ8〔32点〕

(1) 前□(しん)
(2) □(えん)足
(3) □(つう)学
(4) 一□(しゅう)間

3 話し合いの中で出た意見を、なかま分けしているもの一つに○をつけましょう。　〔8点〕

ア（　）今月のクラスの目ひょうは、「時間を守ろう」がよいと思います。

イ（　）「ろうかを走らない」がよいと思います。

ウ（　）「時間を守ろう」と「ろうかを走らない」は、きまりを守るというところがにています。

答えは68ページ

きほん 15

教科書㊤127～129ページ

漢字を使おう4
言葉相だん室　主語とじゅつ語、つながってる？

月　日

10分　／100点

1 ――の漢字の読みがなを書きましょう。　一つ8〔72点〕

(1) 都道府県（　　）
(2) 市区町村（　　）
(3) 三丁目（　　）
(4) 屋根の色。（　　）
(5) 高く投げる。（　　）
(6) 投球する。（　　）
(7) むねを打つ。（　　）
(8) 打者がかわる。（　　）
(9) 主語になる。（　　）

2 □に当てはまる漢字を書きましょう。　一つ5〔20点〕

(1) □（うし）の□（にく）。
(2) □□（まいしゅう）買う。
(3) ラーメンを□（た）べる。

3 主語とじゅつ語のつながりが正しい文に、○をつけましょう。　〔8点〕

ア（　）わたしが聞いたのは、待ち合わせの日時について聞きました。

イ（　）わたしは、待ち合わせの日時をいつにするかについて聞きました。

答えは68ページ

かくにん 15

漢字を使おう4
言葉相だん室　主語とじゅつ語、つながってる？

教科書 上 127～129ページ

月　日

10分　／100点

1 □に当てはまる漢字を書きましょう。　一つ9〔72点〕

(1) 都道府［けん］

(2) 二［ちょうめ］の角。

(3) 青い［やね］。

(4) まとへ［な］げる。

(5) ［とうきゅう］動作

(6) くぎを［う］つ。

(7) ［だしゃ］が走る。

(8) ［しゅご］をさがす。

2 ――の漢字の読みがなを書きましょう。　一つ6〔18点〕

(1) 人々の様子。（　）

(2) 町の家々。（　）

(3) 木々の間。（　）

3 次の文を、しゅ語とじゅつ語とのつながりが正しい文に書き直しましょう。　〔10点〕

わたしは、すきな教科は、国語です。

答えは68ページ

きほん 16

サーカスのライオン

教科書 上 130～148ページ

月　日

10分　／100点

1 ――の漢字の読みがなを書きましょう。 一つ5〔90点〕

(1) お化け屋しき（　）
(2) 鉄のとびら。（　）
(3) 円の真ん中。（　）
(4) 円い形。（　）
(5) お客さん（　）
(6) シャツを着る。（　）
(7) 家に送る。（　）
(8) 入院する。（　）
(9) 楽なしせい。（　）
(10) あつい毛皮。（　）
(11) 部屋の中。（　）
(12) 受け取る。（　）
(13) 消ぼう車（　）
(14) 大きな荷物。（　）
(15) 運び出す。（　）
(16) 真っ赤な火。（　っ）
(17) 気持ちの変化。（へん　）
(18) 火が消える。（　）

2 ――の言葉の使い方が正しいほうに、○をつけましょう。 一つ5〔10点〕

(1)
ア（　）時間をかけて、あわててりょう理を作った。
イ（　）急に名前をよばれ、あわてて立ち上がった。

(2)
ア（　）自転車にのった姉は、たちまち走りさった。
イ（　）公園のベンチで、たちまち友だちをまった。

答えは68ページ

かくにん 16

サーカスのライオン

教科書㊤130〜148ページ

月　日

10分　／100点

1 □に当てはまる漢字を書きましょう。　一つ8〔64点〕

(1) □（てつ）のかたまり。

(2) □（ま）ん中に立つ。

(3) お□（きゃく）が来る。

(4) うわぎを□（き）る。

(5) □□（にゅういん）する日。

(6) とらの□□（けがわ）。

(7) □（しょう）ぼう車が走る。

(8) □□（にもつ）を持つ。

2 ——の言葉を、漢字とおくりがなで書きましょう。　一つ8〔24点〕

(1) きつねが人間に<u>ばける</u>。（　　）

(2) いとこを駅（えき）まで<u>おくる</u>。（　　）

(3) 水泳のテストを<u>うける</u>。（　　）

3 次の言葉が表す様子を下からえらんで、——でむすびましょう。　一つ4〔12点〕

(1) 首をかしげる　・　　・ア　ふしぎに思う様子。

(2) 目を細くする　・　　・イ　こきゅうがはげしい様子。

(3) いきをはずませる・　　・ウ　よろこぶ様子。

答えは68ページ

きほん 17

漢字を使おう5

教科書㊤149ページ

月　日

10分

／100点

1 ――の漢字の読みがなを書きましょう。 一つ10〔40点〕

(1) 真面目な人。（　　）

(2) 真っ青な顔。（　　っ）

(3) 明るい陽光。（　　）

(4) 通学路（　　）

2 □に当てはまる漢字を書きましょう。 一つ6〔54点〕

(1) □(あき)の空。

(2) 空に□(くも)がうかぶ。

(3) □(はね)をのばす。

(4) □(とり)のさえずり。

(5) □(たに)あいの川。

(6) 天気は□(は)れ。

(7) □□(きいろ)いはた。

(8) □□(さとやま)のけしき。

(9) □□(じめん)をける。

3 次の全ての□に当てはまる漢字一字を書きましょう。 〔6点〕

□顔　□夜中

□っ白　□っ赤

□

答えは69ページ

かくにん 17

漢字を使おう5

教科書㊤149ページ

月　日

10分

／100点

1 □に当てはまる漢字を書きましょう。 一つ10〔20点〕

(1) □□（ようこう）がさす。

(2) □□□（つうがくろ）を行く。

2 ——の言葉を、漢字と送りがなで書きましょう。 一つ8〔56点〕

(1) 様子を表す言葉のなかま。

① たかい木の上。（　　）

② ふといえだを切る。（　　）

③ ほそい川をわたる。（　　）

(2) 動きを表す言葉のなかま。

① 虫がなく。（　　）

② 山道をとおる。（　　）

③ ろうかをあるく。（　　）

④ 足がとまる。（　　）

3 □に同じところがある漢字を書きましょう。 一つ6〔24点〕

(1)

① □（い）見を言う。

② □（かん）心する。

(2)

① □（じ）間を見る。

② □（し）人に会う。

答えは69ページ

きほん 18

教科書 下 8～27ページ

せっちゃくざいの今と昔
じょうほうのとびら　分ける
道具のひみつをつたえよう
きせつの足音――秋

月　日

10分

／100点

1 ――の漢字の読みがなを書きましょう。 一つ4〔36点〕

(1) 今と昔。（　　）
(2) 体そう服（　　）
(3) 車両を止める。（　　）
(4) 軽い機体。（　　）
(5) 家具を作る。（　　）
(6) 水の温度。（　　）
(7) 美術品（　　）
(8) 短い文章。（　　）
(9) 整理する。（　　）

2 次の言葉の意味を下からえらんで、――でむすびましょう。 一つ6〔24点〕

(1) 要約（ようやく）・　　・ア　みだれをととのえること。
(2) しゅう理・　　・イ　文章を短くまとめること。
(3) とくちょう・　　・ウ　こわれたものを直すこと。
(4) 整理・　　・エ　とくに目立つところ。

3 秋の食べ物を表す言葉には○を、そうでない言葉には×をつけましょう。 一つ5〔40点〕

(1)（　　）くり　(2)（　　）みかん
(3)（　　）たけのこ　(4)（　　）きのこ
(5)（　　）ぶどう　(6)（　　）なす
(7)（　　）いちご　(8)（　　）さつまいも

答えは69ページ

かくにん 18

教科書㊦8〜27ページ

せっちゃくざいの今と昔
じょうほうのとびら　分ける
道具のひみつをつたえよう
きせつの足音——秋

月　日

10分　／100点

1 □に当てはまる漢字を書きましょう。　一つ9〔81点〕

(1) □(むかし)の話。
(2) □(ふく)を着る。
(3) 大型(がた)□□(しゃりょう)
(4) □(かる)い羽。
(5) □□(かぐ)を買う。
(6) □□(おんど)をはかる。
(7) □(び)術(じゅつ)品を集める。
(8) □(みじか)いひも。
(9) 本を□□(せいり)する。

2 □に同じ読みがなの漢字を書きましょう。　一つ5〔10点〕

(1) 合□(けい)する。
(2) □(けい)食をとる。

3 調べたことをせいりするときのくふうとして正しいものに、○をつけましょう。　〔9点〕

ア（　）調べ方を決める。
イ（　）なかまに分ける。
ウ（　）分かりやすくつたえる。

答えは69ページ

きほん 19

教科書 ㊦ 28～33ページ

こそあど言葉
話したいな、すきな時間

月　日

10分　／100点

1 ――の漢字の読みがなを書きましょう。　一つ5〔30点〕

(1) 近くを指す。（　）　(2) 植物の緑色。（　）　(3) 研究者（　）

(4) 細かい細工。（　）　(5) 深海の生物。（　）　(6) 古い時代。（　）

2 ――の言葉を正しい送りがなで書いてあるほうに、○をつけましょう。　一つ8〔40点〕

(1) あつめる　ア（　）集める　イ（　）集つめる

(2) うえる　ア（　）植る　イ（　）植える

(3) ふかまる　ア（　）深まる　イ（　）深かまる

(4) かわる　ア（　）代る　イ（　）代わる

(5) およぐ　ア（　）泳ぐ　イ（　）泳よぐ

3 次の言葉が表す気持ちを下からえらんで、――でむすびましょう。　一つ5〔30点〕

(1) 不安(ふ)になる　・　・ア　安心して心がなごむ。

(2) きんちょうする　・　・イ　心や体が引きしまる。

(3) うきうきする　・　・ウ　楽しくて心がはずむ。

(4) ほっとする　・　・エ　さっぱりと気分がいい。

(5) 落ち着く　・　・オ　どうなるかと心配する。

(6) すっきりする　・　・カ　あわてず、しずかだ。

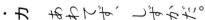

答えは69ページ

かくにん 19

こそあど言葉
話したいな、すきな時間

教科書㊦28〜33ページ

月　日

10分　／100点

1 □に当てはまる漢字を書きましょう。　一つ10〔50点〕

(1) まどの外を□(さ)す。

(2) 花だんの□□(しょくぶつ)。

(3) □□□(けんきゅうしゃ)

(4) □□(しんかい)にもぐる。

(5) 大正(たいしょう)□□(じだい)

2 □に同じところのある漢字を書きましょう。　一つ5〔10点〕

(1) すぎを□(しょく)林する。

(2) □(はしら)時計が動く。

3 □の「こそあど言葉」がさししめす言葉の右がわに、——を引きましょう。　一つ10〔40点〕

(1) 「東京は雨がふっているよ。」
「［そちら］は、天気がわるいんだね。」

(2) 「消しゴムはいくらですか。」
「はい、［これ］は百円です。」

(3) 「大きな木があるね。」
「［あそこ］まできょうそうしよう。」

(4) 「［あれ］があなたの家ですか。」
「はい、白いたてものがぼくの家です。」

答えは69ページ

きほん 20

漢字の読み方　ローマ字②

教科書㊦34〜37ページ

月　日

10分　／100点

1 ――の漢字の読みがなを書きましょう。　一つ6〔66点〕

(1) 乗馬をする。（　　）
(2) 飲食店（　　）
(3) 店頭のかん板。（　　）
(4) 美しい星雲。（　　）
(5) 速い流星。（　　）
(6) 木炭を作る。（　　）
(7) 炭火でやく。（　　）
(8) 手を用いる。（　　）
(9) 平和な世界（かい）。（　　）
(10) 電池を買う。（　　）
(11) 銀行に行く。（　　）

2 ――の漢字の読み方が「音（おん）」の場合は○、「訓（くん）」の場合は×をつけましょう。　一つ3〔18点〕

(1)（　）草原　(2)（　）生活　(3)（　）空手
(4)（　）店先　(5)（　）住所　(6)（　）島国

3 次の文に合う送りがなを、（　）に書きましょう。　一つ4〔16点〕

(1) ① 電話が鳴（　　）。
　　② クラクションを鳴（　　）。
(2) ① 庭（にわ）で花を育（　　）。
　　② りっぱな木が育（　　）。

答えは69ページ

かくにん20

漢字の読み方 ローマ字②

教科書(下)34〜37ページ

月　日

10分　／100点

1 □に当てはまる漢字を書きましょう。　一つ5〔20点〕

(1) □□（じょうば）クラブ

(2) 店で□□（いんしょく）する。

(3) □□（りゅうせい）を見た。

(4) □□（へいわ）をのぞむ。

2 次の言葉を、「しゃ、しゅ、しょ」などの音（おん）、つまる音に注（ちゅう）意して、ローマ字で書きましょう。　一つ10〔50点〕

(1) 名前

(2) 金魚

(3) すいか

(4) 発見

(5) 食器（き）

3 次の言葉をコンピューターに入力するとき、正しいほうに○をつけましょう。　一つ10〔30点〕

(1) こおり

ア（　）KOURI

イ（　）KOORI

(2) 本屋

ア（　）HONNYA

イ（　）HONYA

(3) ゴール

ア（　）GOURU

イ（　）GO－RU

答えは70ページ

きほん 21

教科書 下 38～56ページ

モチモチの木

月　日

10分　／100点

1 ――の漢字の読みがなを書きましょう。　一つ8〔80点〕

(1) 鼻をかむ。（　）
(2) 川の神様。（　）
(3) 村のお祭り。（　）
(4) 歯をみがく。（　）
(5) 医者をよぶ。（　）
(6) 坂道を下る。（　）
(7) 薬箱を持つ。（　）
(8) 湯がわく。（　）
(9) 他人の意見。（　）
(10) 友に対する思い。（　）

2 次の言葉の意味をア～エからえらんで、記号で答えましょう。　一つ5〔20点〕

(1) ふるう（　）
(2) ふかす（　）
(3) ともる（　）
(4) ふもと（　）

ア　山の下の方。
イ　明かりがつく。
ウ　食べ物をじょう気に当て、やわらかくする。
エ　いきおいよくふり動かす。

答えは70ページ

かくにん 21

モチモチの木

教科書㊦38～56ページ

月　　日

10分　／100点

1 □に当てはまる漢字を書きましょう。　一つ10〔80点〕

(1) □（はな）が高い。

(2) 森の□□（かみさま）。

(3) お□（まつ）りに行く。

(4) お□□（いしゃ）さん

(5) □□（さかみち）を走る。

(6) □□（くすりばこ）を開ける。

(7) □□（たにん）に話す。

(8) 弟に□（たい）する気持ち。

2 ――を漢字に直して、文を全部書きましょう。　全部できて〔10点〕

ぶんかさいにほかのがっこうのともだちをよぶ。

□

3 ――の言葉の使い方が正しいほうに、○をつけましょう。　一つ5〔10点〕

(1)
ア（　）ほっぺたが落ちるほどおいしいおかし。
イ（　）ほっぺたが落ちるほど重（おも）いかばん。

(2)
ア（　）歯を食いしばって大わらいした。
イ（　）歯を食いしばってなくのをがまんした。

答えは70ページ

きほん 22

漢字を使おう6

教科書㊦57ページ

月　日

10分　／100点

1 ――の漢字の読みがなを書きましょう。 一つ4〔36点〕

(1) 洋服を買う。（　　）
(2) 大きな湖。（　　）
(3) 料理（りょう）とお酒。（　　）
(4) 日本酒のくら。（　　）
(5) 油をぬる。（　　）
(6) 石油ストーブ（　　）
(7) 父のきょう里。（　　）
(8) ごみを拾う。（　　）
(9) 湖水をすくう。（　　）

2 □に当てはまる漢字を書きましょう。 一つ8〔64点〕

(1) 意志（し）が□（つよ）い。
(2) 本番に□（よわ）い。
(3) 話を□（き）く。
(4) □□□（にちようび）
(5) □（いえ）の屋根。
(6) □□（じぶん）で言う。
(7) □（かたな）をふる。
(8) □□（ゆみや）の天才。

答えは70ページ

かくにん22

漢字を使おう6

教科書㊦57ページ

月　日

10分　／100点

1 □に当てはまる漢字を書きましょう。　一つ8〔48点〕

(1) 新しい□□（ようふく）。

(2) しずかな□（みずうみ）。

(3) お□（さけ）をつぐ。

(4) □（あぶら）を引く。

(5) □□（せきゆ）を使う。

(6) 落とし物を□（ひろ）う。

2 □に漢字を書いて、反（はん）対の意味の言葉を作りましょう。　一つ6〔24点〕

(1) ① お□（かあ）さん ↔ ② お□（とう）さん

(2) ① □□（ごぜん） ↔ ② □□（ごご）

3 □に同じところのある漢字を書きましょう。　一つ7〔28点〕

(1) ① □（さと）山を歩く。　② □（り）由を言う。

(2) ① □（てっ）ぼうで遊ぶ。　② □（ぎん）紙でつつむ。

答えは70ページ

きほん 23

教科書㊦58〜63ページ　月　日

言葉相だん室　人物の気持ちを表す言葉
いろいろなつたえ方

10分　／100点

1 ――の漢字の読みがなを書きましょう。　一つ8〔56点〕

(1) 羊の毛。（　　）
(2) 文字と音声。（　　）
(3) 同時に動く。（　　）
(4) 電車の駅。（　　）
(5) 空港へ行く。（　　）
(6) 世界共通（きょう）（　　）
(7) 読点を打つ。（　　）

2 次の説明（せつ）に当てはまる言葉をア〜ウからえらんで、記号で答えましょう。　一つ10〔20点〕

(1) べつのものになぞらえる。（　　）
(2) 物の形を写しとって作る。（　　）

ア 身ぶり　イ 見立てる　ウ かたどる

3 次の気持ちを表すときにふさわしい言葉を［　　］からえらんで、記号で答えましょう。　一つ8〔24点〕

(1) よろこびや期待（きたい）で、わくわくする気持ち。（　　）
(2) 気が進まず、おっくうな気持ち。（　　）
(3) いやな気分がなく、すっきりと明るい気持ち。（　　）

ア 気が重（おも）い　イ 心がおどる　ウ 晴れやか

答えは70ページ

かくにん 23

教科書㊦58〜63ページ

言葉相だん室　人物の気持ちを表す言葉
いろいろなつたえ方

月　日

10分　／100点

1 □に当てはまる漢字を書きましょう。　一つ10〔40点〕

(1) □(ひつじ)をなでる。

(2) 古い□(えき)。

(3) □□(くうこう)の建(たて)物。

(4) □□(せかい)は広い。

2 □に当てはまる同じ読みがなの漢字を書きましょう。　一つ8〔48点〕

(1) ① □(こう)番に行く。　② 神戸(こうべ)の開□(こう)。

(2) ① 下□(かい)を見下ろす。　② □(かい)水をすくう。

(3) ① 今日は月□(よう)日だ。　② □(よう)毛(もう)のセーター。

3 次の記号の役わりをア〜ウからえらんで、記号で答えましょう。　一つ6〔12点〕

(1) ？（ぎもん符(ふ)）　（　　）

(2) ！（かんたん符）　（　　）

ア　おどろきがより強くつたわりやすい。

イ　と中で言葉をやめて、相手に考えさせる。

ウ　相手にたずねていることが分かりやすい。

答えは70ページ

きほん 24

教科書 ㊦ 64～69ページ

本から発見したことをつたえ合おう
漢字を使おう7
きせつの足音――冬

月　日

10分　／100点

1 ――の漢字の読みがなを書きましょう。　一つ8〔64点〕

(1) 二学期の記録（ろく）。（　　）
(2) 勉強する。（　　）
(3) 進級する。（　　）
(4) 入学式の朝。（　　）
(5) 整列する。（　　）
(6) 国語の予習。（　　）
(7) 相談する。（　　）
(8) 反対意見（　　）

2 □に当てはまる漢字を書きましょう。　一つ4〔36点〕

(1) 字を□（か）く。
(2) □（かぜ）を起こす。
(3) □（こた）えを出す。
(4) □□（さんすう）の図形。
(5) 本を□（よ）む。
(6) □□（しゃかい）の問題。
(7) □（し）役所
(8) □□（りか）の実験（けん）。
(9) ゆたかな□□（せいかつ）。

答えは70ページ

かくにん 24

教科書㊦64〜69ページ

月　日

本から発見したことをつたえ合おう
漢字を使おう7
きせつの足音――冬

10分　／100点

1 □に当てはまる漢字を書きましょう。　一つ7〔56点〕

(1) 三（がっき）の行事。
(2) 今日の（べんきょう）。
(3) 水泳で（しんきゅう）する。
(4) （にゅうがくしき）
(5) 社員が（せいれつ）する。
(6) （よしゅう）ノート
(7) 父に（そうだん）する。
(8) （はんたい）の言葉。

2 同じ読み方をする――に気をつけて、□に当てはまる漢字を書きましょう。　一つ6〔12点〕

(1) 三（かくけい）をかく。
(2) （けいさん）をする。

3 冬の食べ物を表す言葉には○を、そうでない言葉には×をつけましょう。　一つ4〔32点〕

(1)（　）かぶ
(2)（　）さんま
(3)（　）くり
(4)（　）やきいも
(5)（　）みかん
(6)（　）わらび
(7)（　）すいか
(8)（　）だいこん

答えは71ページ

きほん 25

教科書㊦70～90ページ

俳句に親しもう
カミツキガメは悪者か

月　日

10分　／100点

1 ――の漢字の読みがなを書きましょう。　一つ8〔80点〕

(1) 注意する。（　　）
(2) 竹林を歩く。（　　）
(3) 暗唱する。（　　）
(4) 悪者のカメ。（　　）
(5) 川の岸。（　　）
(6) 新聞を読む。（　　）
(7) 球を放る。（　　）
(8) カメを放す。（　　）
(9) 幸せな人。（　　）
(10) 悲しい話。（　　）

2 □の言葉は、俳句の季語です。俳句のきせつを「春・夏・秋・冬」からえらんで書きましょう。　一つ5〔10点〕

(1) 雪の朝二の字二の字の下駄の跡　田捨女
(2) 赤蜻蛉筑波に雲もなかりけり　正岡子規

(1)（　　）　(2)（　　）

3 〈れい〉のように、次の俳句を区切りましょう。　全部できて一つ5〔10点〕

〈れい〉菜の花や｜月は東に｜日は西に　与謝蕪村
(1) 雪とけて村一ぱいの子どもかな　小林一茶
(2) 青蛙おのれもペンキぬりたてか　芥川龍之介

答えは71ページ

かくにん 25

俳句（はいく）に親しもう
カミツキガメは悪者か

教科書 下 70〜90ページ

月　　日

10分　／100点

1 □に当てはまる漢字を書きましょう。 一つ8〔56点〕

(1) 音に□□（ちゅうい）する。
(2) 俳句（はいく）を□（あん）唱（しょう）する。
(3) てきの□□（わるもの）。
(4) 湖の□（きし）を歩く。
(5) ボールを□（ほう）る。
(6) □（しあわ）せな気分。
(7) □（かな）しい物語。

2 □に同じところのある漢字を書きましょう。 一つ8〔32点〕

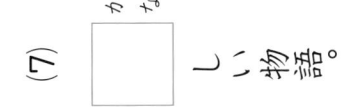

(1)
① □（みどり）色の葉。
② 学□（きゅう）会

(2)
① すきな教□（か）。
② □（あき）の気配。

3 次の言葉につづくものを下からえらんで、――でむすびましょう。 一つ6〔12点〕

(1) なぜ、たくさん雨がふる　・　　・ア　からです。
(2) 天気予報（ほう）によると、雨がふる・　・イ　そうです。
　　　　　　　　　　　　　　　　　・ウ　のでしょうか。

答えは71ページ

きほん 26

教科書㊦91〜106ページ

漢字を使おう８
じょうほうのとびら　考えと理由
クラスの思い出作りのために
道具のうつりかわりを説明しよう

月　日

10分

／100点

1 ——の漢字の読みがなを書きましょう。　一つ8〔56点〕

(1) 駅前の商店。（　）
(2) 昭和三年（　）
(3) 八百屋で買う。（　）
(4) 姉の地図帳。（　）
(5) 大きな悲鳴。（　）
(6) れいぞう庫（　）
(7) 自転車に乗る。（　）

2 □に当てはまる漢字を書きましょう。　一つ4〔32点〕

(1) 寒い□（ふゆ）。
(2) □（ゆき）がふる。
(3) たくさんの□（ほし）。
(4) □（かお）をあらう。
(5) □（いま）と昔。
(6) □（と）だなにしまう。
(7) □（まる）いボール。
(8) □□（けいと）をあむ。

3 ——の言葉を、漢字と送りがなで書きましょう。　一つ6〔12点〕

(1) みんなで家にかえる。（　）
(2) 東の空があかるい。（　）

答えは71ページ

かくにん 26

教科書 ㊦ 91～106ページ

月　日

漢字を使おう8
じょうほうのとびら　考えと理由
クラスの思い出作りのために
道具のうつりかわりを説明しよう

10分　／100点

1 □に当てはまる漢字を書きましょう。 一つ10〔50点〕

(1) □□（しょうてん）で買う。

(2) □□（しょうわ）生まれ

(3) □□□（ちずちょう）

(4) □（れいぞうこ）でひやす。

(5) □□□（じてんしゃ）

2 □に当てはまる、家族を表す漢字を書きましょう。 一つ10〔30点〕

(1) □（あに）と□（おとうと）。

(2) 馬の□□（おやこ）。

3 次の文章の（　）に当てはまる、理由を表す言葉を□から えらんで、記号で答えましょう。 一つ10〔20点〕

わたしは、秋よりも春のほうがすきです。（(1)）、春は だんだんとあたたかくなっていって、草や花がいきいき としてくる（(2)）です。

ア　理由	イ　から
ウ　だから	エ　なぜなら

(1)（　　）　(2)（　　）

答えは71ページ

きほん 27

教科書㊦107ページ

漢字を使おう9

月　日

10分　／100点

1 ――の漢字の読みがなを書きましょう。 一つ8〔64点〕

(1) 第一だん落（　　）

(2) 福引きをする。（　　）

(3) 一等賞（　　）

(4) 予定通り。（　　）

(5) お宮にまいる。（　　）

(6) 王宮の見学。（　　）

(7) 古代の国家。（　　）

(8) 宿にとまる。（　　）

2 □に当てはまる漢字を書きましょう。 一つ6〔36点〕

(1) 元気な□（こえ）。

(2) □（え）をかく。

(3) しずかな□□（おんがく）。

(4) □□（ちょくせん）を引く。

(5) □□□□（ずがこうさく）の時間。

(6) □□□（がようし）にえがく。

答えは71ページ

かくにん 27

漢字を使おう9

教科書㊦107ページ

月　日

10分

／100点

1 □に当てはまる漢字を書きましょう。　一つ8〔48点〕

(1) □□(だいいち)の問題。

(2) □□(ふくび)きをしたい。

(3) リレーの□□(いっとう)。

(4) 明日の□□(よてい)。

(5) 村のお□(みや)。

(6) 温泉(せん)のある□(やど)。

2 動きを表す——の言葉を、漢字と送りがなで書きましょう。　一つ7〔28点〕

(1) みんなで<u>うたう</u>。（　　）

(2) 紙を<u>きる</u>。（　　）

(3) ぐるっと<u>まわる</u>。（　　）

(4) 犬が<u>はしる</u>。（　　）

3 □に同じところのある漢字を書きましょう。　一つ6〔24点〕

(1)
① 都市開□(はっ)
② □(と)山にいどむ。

(2)
① ごうかな王□(きゅう)。
② 観(かん)光□(きゃく)

答えは71ページ

きほん 28

くわしく表す言葉

教科書 ㊦ 108〜109ページ

月　日

10分　／100点

1 ――の漢字の読みがなを書きましょう。　一つ6〔36点〕

(1) 追いかける。（　　）
(2) 校庭を走る。（　　）
(3) 追想する。（　　）
(4) 家の庭。（　　）
(5) 言葉の意味。（　　）
(6) 犬を拾う。（　　）

2 次の文の主語には――、じゅつ語には〰〰を、右がわに引きましょう。　全部できて一つ8〔32点〕

(1) 弟が公園で遊ぶ。
(2) 月が明るくかがやく。
(3) わたしは小さな箱を持ち上げた。
(4) ぼくはきのう動物園に行った。

3 次の文の中からくわしく表す言葉を全て見つけ、記号で答えましょう。　全部できて一つ8〔32点〕

(1) ア赤い　イ花が　ウさく。（　　）
(2) アぼくは　イ今朝　ウパンを　エ食べた。（　　）
(3) ア妹が　イ小さな　ウ石を　エ拾った。（　　）
(4) ア兄は　イ緑色の　ウペンを　エぎゅっと　オにぎった。（　　）

答えは71ページ

かくにん 28

くわしく表す言葉

教科書㊦108～109ページ

月　日

10分　／100点

1 □に当てはまる漢字を書きましょう。　一つ9〔36点〕

(1) 弟を □(お) いかける。

(2) □□(こうてい) にさく花。

(3) □□(ついそう) にふける。

(4) □(にわ) のそうじ。

2 次の文の——は、ア～カのどれに当たりますか。記号で答えましょう。　一つ8〔48点〕

(1) ぼくは、はとを見ました。　（　）

(2) 兄は部屋でねています。　（　）

(3) 妹がよちよち歩きます。　（　）

(4) わたしは今日図書館へ行きます。　（　）

(5) 植物の本を読みます。　（　）

(6) たなから円い皿を出します。　（　）

ア いつ　イ どこで　ウ 何を

エ どのように　オ どんな　カ 何の

3 （　）に当てはまる言葉を、□からえらんで書きましょう。　一つ8〔16点〕

姉は（どんな　）リボンを（どのように　）むすんだ。

きのう　ていねいに　細い　にわで

答えは72ページ

きほん 29

教科書 下 110～126ページ

ゆうすげ村の小さな旅館 ――ウサギのダイコン

月　日

10分　／100点

1 ――の漢字の読みがなを書きましょう。　一つ6〔48点〕

(1) 小さな旅館。（　　）

(2) 息をすう。（　　）

(3) 階だんを下りる。（　　）

(4) 重い荷物。（　　）

(5) 畑をかす。（　　）

(6) 去年の冬。（　　）

(7) お礼をする。（　　）

(8) 電車を待つ。（　　）

2 次の言葉の意味をア～エからえらんで、記号で答えましょう。　一つ6〔24点〕

(1) たいざい（　　）　(2) みごと（　　）

(3) おいとま（　　）　(4) しゅうかく（　　）

ア　帰ること。　イ　りっぱな様子。

ウ　よそへ行き、そこにしばらくいること。

エ　作物をとり入れること。

3 ――の漢字の、二通りの読みがなを書きましょう。　一つ7〔28点〕

(1)
① 紙を重ねる。（　　）
② 重病（びょう）がなおる。（　　）

(2)
① 町を去る。（　　）
② 過（か）去の話。（　　）

答えは72ページ

かくにん 29

教科書㊦110〜126ページ

ゆうすげ村の小さな旅館
——ウサギのダイコン

月　日

／100点　10分

1 □に当てはまる漢字を書きましょう。　一つ10〔60点〕

(1) □□(りょかん)にとまる。

(2) □(いき)をはく。

(3) 急な□(かい)だん。

(4) □(はたけ)をたがやす。

(5) お□(れい)を言う。

(6) 開始を□(ま)つ。

2 □に漢字を書いて、反対の意味の言葉を作りましょう。　一つ10〔30点〕

(1) 軽い ⟷ □(おも)い

(2) 来年 ⟷ □(きょ)年

(3) 今 ⟷ □(むかし)

3 ——の言葉の使い方が正しいほうに、○をつけましょう。　一つ5〔10点〕

(1)
ア（　）あやうく姉は出かけてしまった。
イ（　）あやうくバスに乗りおくれるところだった。

(2)
ア（　）鳥ははるか遠くへとんでいった。
イ（　）弟はベッドのはるかとなりにいる。

答えは72ページ

きほん 30

漢字を使おう10

教科書 下 127ページ

月　日

10分

／100点

1 ――の漢字の読みがなを書きましょう。　一つ7〔56点〕

(1) 数秒（　）待つ。

(2) 病院（　）に行く。

(3) 少年（　）のゆめ。

(4) 多様（　）な人々。

(5) 山中の土地（　）。

(6) 自力（　）で調べる。

(7) やさしい口調（　）。

(8) 童話（　）を読む。

2 □に当てはまる漢字を書きましょう。　一つ4〔44点〕

(1) 大きな□（ふね）。

(2) □□（なんにち）もかかる。

(3) 大□□（そうげん）を走る。

(4) □□（きしゃ）に乗る。

(5) □□（やせい）の動物。

(6) 楽しい□□（じかん）。

(7) 理由を□（かんが）える。

(8) □□（とうきょう）の空。

(9) □（ひろ）い場所。

(10) 駅への□（い）き□（かた）。

答えは72ページ

かくにん 30

漢字を使おう10

教科書㊦127ページ

月　日

10分　／100点

1 □に当てはまる漢字を書きましょう。　一つ10〔20点〕

(1) □□（すうびょう）かかる。

(2) □□（びょういん）の先生。

2 反対の意味の言葉になるように、□に当てはまる漢字を書きましょう。　一つ8〔32点〕

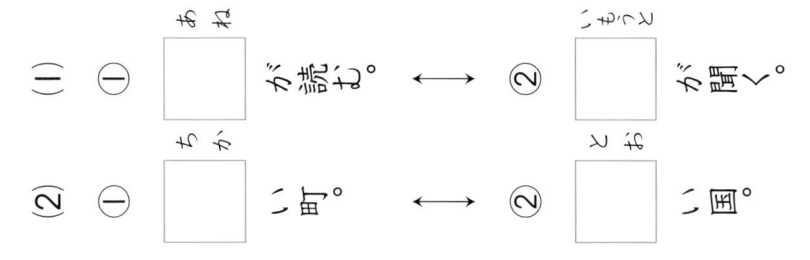

(1) ① □（あね）が読む。 ↔ ② □（いもうと）が聞く。

(2) ① □（ちか）い町。 ↔ ② □（とお）い国。

3 □に当てはまる、同じ読みがなの漢字を書きましょう。　一つ8〔48点〕

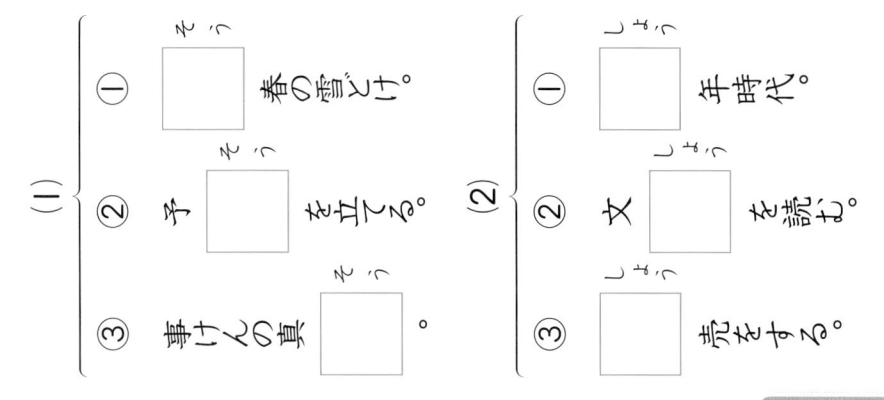

(1)
① □（そう）春の雪どけ。
② 予□（そう）を立てる。
③ 事けんの真□（そう）。

(2)
① □（しょう）年時代。
② 文□（しょう）を読む。
③ □（しょう）売をする。

答えは72ページ

教科書 下 128〜133ページ

漢字の組み立てと意味
わたしのベストブック

月　　日

10分　／100点

1 ――の漢字の読みがなを書きましょう。　一つ9〔45点〕

(1) 部首を調べる。（　　）
(2) 笛をふく。（　　）
(3) しずかな波。（　　）
(4) 汽笛が鳴る。（　　）（　　）
(5) 音波がとどく。（　　）

2 次の説明に合う部首名を下からえらんで、――でむすびましょう。　一つ5〔15点〕

(1) 植物に関係がある。・　　・ア　ごんべん
(2) 言葉に関係がある。・　　・イ　さんずい
(3) 水に関係がある。・　　・ウ　くさかんむり

3 次の漢字の部首名をア〜オからえらんで、記号で答えましょう。　一つ8〔40点〕

(1) 頭（　　）　(2) 筆（　　）　(3) 開（　　）
(4) 作（　　）　(5) 意（　　）

ア　にんべん　　イ　こころ　　ウ　おおがい
エ　もんがまえ　　オ　たけかんむり

答えは72ページ

かくにん 31

漢字の組み立てと意味
わたしのベストブック

教科書 ㊦ 128～133ページ

月　日

10分　／100点

1 □に当てはまる漢字を書きましょう。　一つ8〔32点〕

(1) □(ふえ)とたいこ。
(2) □(なみ)の音を聞く。
(3) 本を読み□(かえ)す。
(4) □□(かんそう)をのべる。

2 □に当てはまる、同じ部首の漢字を書きましょう。　一つ8〔48点〕

(1) ① ヨーロッパの□(くに)。　② 動物□(えん)
(2) ① □(ひっ)記用具を買う。　② 問題の□(こた)え。
(3) ① 学□(こう)に行く。　② □(はやし)の中。

3 次の説明(せつ)に合う言葉を□からえらび、漢字で書きましょう。　一つ5〔20点〕

(1) 水に関(かん)係がある。□□
(2) 植物に関係がある。□□

くさ　いけ
はな　うみ

答えは72ページ

答え

1　3・4ページ

1 (1)は　(2)お　(3)はや
(4)いちめん　(5)む　(6)みどりいろ
(7)かんしん　(8)まめ　(9)じんぶつ
(10)ようす　(11)しかた　(12)かいわ
(13)ものがたり

2 (1)イ　(2)ア　(3)ウ

3 どこで

★★★

1 (1)起　(2)速　(3)一面
(4)緑色・豆　(5)感心　(6)人物

2 (1)ウ　(2)オ　(3)エ

3 （じゅんじょなし）イ・エ

2　5・6ページ

1 (1)そうちょう　(2)れんしゅう
(3)きゅうしゅう　(4)ちゅうおう
(5)おう　(6)ほどう　(7)ごうけい
(8)にばい　(9)ね

2 (1)心　(2)春　(3)知　(4)話　(5)組
(6)黒　(7)教室　(8)点数

★★★

1 (1)練習　(2)九州　(3)中央　(4)横

2 (1)校門の外のけしき。
(2)元気に友だちとあそぶ。

3 (1)①体　②倍　(2)①合　②同

3　7・8ページ

1 (1)としょかん　(2)じ　(3)もく
(4)いん　(5)ない　(6)きごう

2 (1)ア　(2)イ

3 (1)○　(2)○　(3)×　(4)×
(5)×　(6)○　(7)○　(8)×

★★★

1 (1)図書館　(2)事　(3)目　(4)引
(5)内　(6)記号

2 (1)ア　(2)イ

3 (1)後ろ　(2)食べる　(3)分ける
(4)考える

4　9・10ページ

1 (1)つか　(2)いみ　(3)かんじ
(4)あらわ　(5)しら　(6)はしら
(7)ばしょ　(8)と　(9)きょく
(10)はい　(11)じゅうしょ

2 (1)ア2　イ1　ウ3

(2)ア1　イ3　ウ2
(3)ア2　イ1　ウ3
(4)ア1　イ3　ウ2

3 (1)イ　(2)ア

★★★

1 (1)使　(2)意味　(3)表　(4)調
(5)柱　(6)取　(7)局　(8)住所

2 (1)読む　(2)行く　(3)走る
(4)早い　(5)多い　(6)明るい

5　11・12ページ

1 (1)し　(2)み　(3)そだ　(4)まも
(5)き　(6)かつどう　(7)どうさ
(8)も　(9)と　(10)わだい
(11)ぶぶん　(12)ひっしゃ

2 (1)イ　(2)ウ　(3)ア

3 (1)どう　(2)うご

★★★

1 (1)身　(2)育　(3)守　(4)決
(5)持　(6)問　(7)話題　(8)部分
(9)筆者

2 (1)ウ　(2)イ

3 ア

6　13・14ページ

1 (1)みやこ　(2)こおり
(3)ひょうざん　(4)がた　(5)およ
(6)ゆうめい　(7)すいえい

(8)へんじ　(9)かえ　(10)あそ
(11)ゆう　(12)ひら　(13)かいかい

2 (1)寺　(2)首　(3)馬　(4)公園
(5)電車　(6)交番

★★★

1 (1)都　(2)有名　(3)返事　(4)開会

2 (1)②長い　(2)①南　②北
(3)①東　②西
(4)①古い　②新しい

3 (1)①水　②泳　③氷
(2)①間　②開　③聞

7　15・16ページ

1 (1)ぜんたい　(2)こう　(3)あき
(4)ぜんりょく　(5)はじ
(6)かかり（がかり）　(7)せわ
(8)お　(9)こう　(10)にがて
(11)かぞく　(12)ぶんしょう

2 (1)ウ　(2)イ　(3)ア

3 (1)すべ　(2)まった

★★★

1 (1)全力　(2)始　(3)係　(4)世話
(5)終　(6)苦手　(7)家族　(8)文章

2 (1)こう　(2)かんが

3 （じゅんじょなし）ア・ウ

8　17・18ページ

1 (1)こうか　(2)さっきょく

(3)こくばん　(4)さくひん　(5)さら
(6)くうはく　(7)いいん
(8)はっぴょう　(9)しま

2 (1)ウ　(2)イ

3 (1)ウ　(2)ウ　(3)イ　(4)イ

★★★

1 (1)作曲　(2)黒板　(3)作品
(4)皿　(5)発表　(6)島

2 (1)①線　②練　③緑
(2)①部　②都　(3)①員　②買

9　19・20ページ

1 (1)さむ　(2)そうとう　(3)し
(4)きみ　(5)あんしん　(6)きゅう
(7)しる　(8)はし　(9)とうじょう
(10)こうどう

2 (1)ア　(2)イ

3 地面におちていた葉っぱを手に取る。

★★★

1 (1)寒　(2)相当　(3)死　(4)君
(5)安心　(6)急　(7)橋　(8)登場

2 (1)①感　②漢　(2)①開　②明

3 ぬける

10　21・22ページ

1 (1)かなもの　(2)ち
(3)けっしょく　(4)もう　(5)ゆらい
(6)りゆう　(7)はくちょう

2 (1)夏　(2)光　(3)来　(4)岩　(5)思
(6)半分　(7)日記　(8)麦茶

★★★

1 (1)血　(2)血色　(3)申　(4)由来
(5)理由

2 (1)①問　②間　(2)①鳥　②島

3 (1)朝　(2)昼　(3)夜

11　23・24ページ

1 (1)そう　(2)し　(3)しゅっぱつ
(4)あつ

2 (1)イ　(2)ウ　(3)ア　(4)エ

3 (1)イ　(2)イ　(3)ア

★★★

1 (1)想　(2)詩　(3)集

2 (1)めそめそ　(2)ぱくぱく
(3)ひらひら　(4)ぱちぱち

3 (1)おかあさん　(2)きゅうり
(3)ちゃいろ　(4)きって
(5)でんしゃ　(6)はっぴょうかい

12　25・26ページ

1 (1)つぎ　(2)あつ　(3)さぎょう
(4)み　(5)おこな　(6)のうか
(7)めい　(8)しゃ

2 (1)ア　(2)イ

3 (1)○　(2)×　(3)○　(4)×

(5)○ (6)× (7)× (8)○

★★★

1 (1)次 (2)暑 (3)作業 (4)実 (5)農家 (6)命 (7)写

2 (1)①実 ②安 (2)①農 ②曲

3 ウ

13 27・28ページ

1 (1)たい (2)がっ (3)かよ (4)たす (5)お

2 (1)①オ ②ウ (2)①イ ②キ (3)①カ ②ア ③エ

★★★

1 (1)合 (2)通 (3)助 (4)落

2 (1)イ (2)ア (3)エ (4)ウ

3 落石に気をつけるように助言する。

14 29・30ページ

1 (1)しんこう (2)すす (3)やく (4)ま (5)か (6)くぎ

2 (1)お (2)ぶ

3 (1)イ (2)エ (3)ア

★★★

1 (1)進行 (2)進 (3)役 (4)負 (5)勝 (6)区切

2 (1)進 (2)遠 (3)通 (4)週

3 ウ

15 31・32ページ

1 (1)けん (2)しくちょうそん (3)ちょうめ (4)やね (5)な (6)とうきゅう (7)う (8)だしゃ (9)しゅご

2 (1)牛・肉 (2)毎週 (3)食

3 イ

★★★

1 (1)県 (2)丁目 (3)屋根 (4)投 (5)投球 (6)打 (7)打者 (8)主語

2 (1)ひとびと (2)いえいえ (3)きぎ

3 (れい)わたしのすきな教科は、国語です。(わたしは、国語がすきです。)

16 33・34ページ

1 (1)ば (2)てつ (3)ま (4)まる (5)きゃく (6)き (7)おく (8)にゅういん (9)らく (10)けがわ (11)へや (12)う (13)しょう (14)にもつ (15)はこ (16)ま(つ)か (17)か (18)き

2 (1)イ (2)ア

★★★

1 (1)鉄 (2)真 (3)客 (4)着 (5)入院 (6)毛皮 (7)消 (8)荷物

2 (1)化ける (2)送る (3)受ける

3 (1)ア (2)ウ (3)イ

17 35・36ページ

1 (1)まじめ (2)ま（っ）さお
(3)ようこう (4)つうがくろ

2 (1)秋 (2)雲 (3)羽 (4)鳥
(5)谷 (6)晴 (7)黄色 (8)里山
(9)地面

3 真

★★★

1 (1)陽光 (2)通学路

2 (1)①高い ②太い ③細い
(2)①鳴く ②通る ③歩く
④止まる

3 (1)①意 ②感 (2)①時 ②詩

18 37・38ページ

1 (1)むかし (2)ふく
(3)しゃりょう (4)かる (5)かぐ
(6)おんど (7)び (8)みじか
(9)せいり

2 (1)イ (2)ウ (3)エ (4)ア

3 (1)○ (2)× (3)× (4)○
(5)○ (6)× (7)× (8)○

★★★

1 (1)昔 (2)服 (3)車両 (4)軽
(5)家具 (6)温度 (7)美 (8)短
(9)整理

2 (1)計 (2)軽

3 イ

19 39・40ページ

1 (1)さ (2)しょくぶつ
(3)けんきゅうしゃ (4)さいく
(5)しんかい (6)じだい

2 (1)ア (2)イ (3)ア (4)イ (5)ア

3 (1)オ (2)イ (3)ウ (4)ア (5)カ
(6)エ

★★★

1 (1)指 (2)植物 (3)研究者
(4)深海 (5)時代

2 (1)植 (2)柱

3 (1)東京 (2)消しゴム
(3)(大きな)木 (4)(白い)たてもの

20 41・42ページ

1 (1)じょうば (2)いんしょく
(3)てんとう (4)せいうん
(5)りゅうせい (6)もくたん
(7)すみび (8)もち (9)へいわ
(10)でんち (11)ぎんこう

2 (1)○ (2)○ (3)× (4)× (5)○
(6)×

3 (1)①る ②らす
(2)①てる ②つ

★★★

1 (1)乗馬 (2)飲食 (3)流星 (4)平和

2 (1)namae (2)kingyo (3)suika (4)hakken (5)syokki（shokki）

3 (1)イ (2)ア (3)イ

21 43・44ページ

1 (1)はな (2)かみさま (3)まつ (4)は (5)いしゃ (6)さかみち (7)くすりばこ (8)ゆ (9)たにん (10)たい

2 (1)エ (2)ウ (3)イ (4)ア

★★★

1 (1)鼻 (2)神様 (3)祭 (4)医者 (5)坂道 (6)薬箱 (7)他人 (8)対

2 文化祭に他の学校の友だちをよぶ。

3 (1)ア (2)イ

22 45・46ページ

1 (1)ようふく (2)みずうみ (3)さけ (4)にほんしゅ (5)あぶら (6)せきゆ (7)り (8)ひろ (9)こすい

2 (1)強 (2)弱 (3)聞 (4)日曜日 (5)家 (6)自分 (7)刀 (8)弓矢

★★★

1 (1)洋服 (2)湖 (3)酒 (4)油 (5)石油 (6)拾

2 (1)①母 ②父 (2)①午前 ②午後

3 (1)①里 ②理 (2)①鉄 ②銀

23 47・48ページ

1 (1)ひつじ (2)おんせい (3)どうじ (4)えき (5)くうこう (6)せかい (7)とうてん

2 (1)イ (2)ウ

3 (1)イ (2)ア (3)ウ

★★★

1 (1)羊 (2)駅 (3)空港 (4)世界

2 (1)①交 ②港 (2)①界 ②海 (3)①曜 ②羊

3 (1)ウ (2)ア

24 49・50ページ

1 (1)がっき (2)べんきょう (3)しんきゅう (4)にゅうがくしき (5)せいれつ (6)よしゅう (7)そうだん (8)はんたい

2 (1)書 (2)風 (3)答 (4)算数 (5)読 (6)社会 (7)市 (8)理科 (9)生活

★★★

1 (1)学期 (2)勉強 (3)進級 (4)入学式 (5)整列 (6)予習 (7)相談 (8)反対

2 (1)角形 (2)計算

3 (1)○ (2)× (3)× (4)○ (5)○ (6)× (7)× (8)○

25 51・52ページ

1 (1)ちゅうい (2)ちくりん(たけばやし) (3)あん (4)わるもの (5)きし (6)しんぶん (7)ほう (8)はな (9)しあわ (10)かな

2 (1)冬 (2)秋

3 (1)雪とけて━村一ぱいの━子どもかな (2)青蛙━おのれもペンキ━ぬりたてか

★★★

1 (1)注意 (2)暗 (3)悪者 (4)岸 (5)放 (6)幸 (7)悲

2 (1)①緑 ②級 (2)①科 ②秋

3 (1)ウ (2)イ

26 53・54ページ

1 (1)しょうてん (2)しょうわ (3)やおや (4)ちずちょう (5)ひめい (6)こ (7)じてんしゃ

2 (1)冬 (2)雪 (3)星 (4)顔

(5)今 (6)戸 (7)丸 (8)毛糸

3 (1)帰る (2)明るい

★★★

1 (1)商店 (2)昭和 (3)地図帳 (4)庫 (5)自転車

2 (1)兄・弟 (2)親子

3 (1)エ (2)イ

27 55・56ページ

1 (1)だいいち (2)ふくび (3)いっとう (4)よてい (5)みや (6)おうきゅう (7)こだい (8)やど

2 (1)声 (2)絵 (3)音楽 (4)直線 (5)図画工作 (6)画用紙

★★★

1 (1)第一 (2)福引 (3)一等 (4)予定 (5)宮 (6)宿

2 (1)歌う (2)切る (3)回る (4)走る

3 (1)①発 ②登 (2)①宮 ②客

28 57・58ページ

1 (1)お (2)こうてい (3)ついそう (4)にわ (5)いみ (6)ひろ

2 (1)弟が・遊ぶ (2)月が・かがやく (3)わたしは・持ち上げた (4)ぼくは・行った

3 （じゅんじょなし）
(1)ア (2)イ・ウ (3)イ・ウ
(4)イ・ウ・エ

★★★

1 (1)追 (2)校庭 (3)追想 (4)庭

2 (1)ウ (2)イ (3)エ (4)ア
(5)カ (6)オ

3 細い・ていねいに

29 59・60ページ

1 (1)りょかん (2)いき (3)かい
(4)おも (5)はたけ (6)きょねん
(7)れい (8)ま

2 (1)ウ (2)イ (3)ア (4)エ

3 (1)①かさ ②じゅう
(2)①さ ②こ

★★★

1 (1)旅館 (2)息 (3)階 (4)畑
(5)礼 (6)待

2 (1)重 (2)去 (3)昔

3 (1)イ (2)ア

30 61・62ページ

1 (1)すうびょう (2)びょういん
(3)しょうねん (4)たよう
(5)とち (6)じりき (7)くちょう
(8)どうわ

2 (1)船 (2)何日 (3)草原

(4)汽車 (5)野生 (6)時間 (7)考
(8)東京 (9)広 (10)行・方

★★★

1 (1)数秒 (2)病院

2 (1)①姉 ②妹 (2)①近 ②遠

3 (1)①早 ②想 ③相
(2)①少 ②章 ③商

31 63・64ページ

1 (1)ぶしゅ (2)ふえ (3)なみ
(4)きてき (5)おんぱ

2 (1)ウ (2)ア (3)イ

3 (1)ウ (2)オ (3)エ (4)ア (5)イ

★★★

1 (1)笛 (2)波 (3)返 (4)感想

2 (1)①国 ②園 (2)①筆 ②答
(3)①校 ②林

3 （じゅんじょなし）
(1)池・海 (2)草・花

3 2 1 0 9 8 7 6 5 4 ＊＊ D C B A